6 avril 1895

CATALOGUE
D'ESTAMPES

ANCIENNES

PRINCIPALEMENT

DES ÉCOLES FRANÇAISE ET ANGLAISE

DU XVIIIᵉ SIÈCLE

PIÈCES IMPRIMÉES

EN NOIR ET EN COULEUR

DONT LA VENTE AUX ENCHÈRES PUBLIQUES AURA LIEU

HOTEL DES COMMISSAIRES-PRISEURS, RUE DROUOT, Nº 9

SALLE Nº 10

Le Samedi 6 Avril 1895

A deux heures très précises.

Mᵉ MAURICE DELESTRE	**M. JULES BOUILLON**
Commissaire-priseur	Marchand d'Estampes de la Bibliothèque nationale
27, RUE DROUOT, 27	RUE DES SAINTS-PÈRES, 3

PARIS

IMPRIMERIE D. DUMOULIN ET Cie

5, RUE DES GRANDS-AUGUSTINS, 5

CATALOGUE

D'ESTAMPES

ANCIENNES

PRINCIPALEMENT

DES ÉCOLES FRANÇAISE ET ANGLAISE

DU XVIII° SIÈCLE

PIÈCES IMPRIMÉES

EN NOIR ET EN COULEUR

DONT LA VENTE AUX ENCHÈRES PUBLIQUES AURA LIEU

HOTEL DES COMMISSAIRES-PRISEURS, RUE DROUOT, N° 9

SALLE N° 10

Le Samedi 6 Avril 1895

A deux heures très précises.

Par le ministère de M° **MAURICE DELESTRE**, commissaire-priseur,
Rue Drouot, 27.

Assisté de M. **JULES BOUILLON**, marchand d'estampes de la Bibliothèque
Nationale, rue des Saints-Pères, 3

PARIS, 1895

CONDITIONS DE LA VENTE

Elle sera faite au comptant.

Les acquéreurs payeront CINQ POUR CENT en sus des enchères applicables aux frais.

M. BOUILLON, chargé de la vente, se réserve la faculté de réunir ou de diviser les lots.

L'ordre du Catalogue sera suivi.

DÉSIGNATION

ESTAMPES

ALBANO (d'après F.)

1 — Le Faiseur d'arcs, — L'Aiguiseur de flèches. Deux pièces en couleur faisant pendants, gravées par Mariage.
   Très belles épreuves.

ALIBERT (A Paris, chez)

2 — Le Roman comique. In-4 en couleur.
   Belle épreuve.

ANONYMES

3 — Panorama de Paris. Pièce rare et curieuse, de forme ovale en couleur, avec légende.
   Très belle épreuve.

4 — Planche de dédicace à la Reine, tiré du Voyage de Naples, de Saint-Non.
   Belle épreuve.

5 — Représentation du jeu des Rois. Pièce in-fo en largeu coloriée. Rare.

6 — Les effets du magnétisme..., animal.
   Très belle épreuve, marge.

7 — Louis XVI, — Marie-Antoinette, — Louis XVII. Trois portraits in-8, de forme ronde, avec légendes.
   Belles épreuves.

8 — Portrait d'homme, en médaillon, avec attributs. In-8.
   Très belle épreuve avant toute lettre.

AUBRY (d'après)

9 — La Reconnaissance de Fonrose, d'après R. de Launay.
Belle épreuve, toute marge.

BALECHOU (J.-J.)

10 — Sainte Geneviève, patronne de Paris, d'après C. Vanloo.
Très belle épreuve avant les raies et avant le jupon terminé.

11 — La Tempête, d'après J. Vernet.
Très belle épreuve du premier tirage, avec la faute.

12 — La Tempête, — Les Baigneuses. Deux pièces d'après Vernet, plus une double. Trois pièces.
Bonnes épreuves.

BARKER (d'après)

13 — A Girl going to market, — A Boy returning from fishing. Deux pièces en couleur faisant pendants, gravées par Gaugain.
Très belles épreuves. Rares.

BARTOLOZZI (F.)

14 — Angelica and Medora, d'après Cipriani, 1787.
Très belle épreuve imprimée en couleur, toute marge.

15 — Les deux Ladies Bauclerc, — Lunardi's Ballon. Deux pièces.
Très belles épreuves.

BAUDOUIN (d'après P.-A.)

16 — Le Carquois épuisé, par N. Delaunay.
Très belle épreuve.

17 — Le Couché de la mariée, par Moreau et Simonet.
Très belle épreuve, sans marge.

18 — La Toilette, par Ponce.
Belle épreuve avec l'adresse de Mme Baudouin.

BENARD (d'après)

19 — Repos de chasse (Madame Du Barry), par Moitte.
Très belle épreuve.

BENWELL (d'après J.-H.)

20 — The Children in the Wood, gravé par Sharpe Byrne et Medland, 1786.
Très belle épreuve toute marge.

BENWELL (d'après Miss)

21 — The Studious fair, par C. Spooner. In-fol. en manière noire.
Très belle épreuve.

BERGER (D.)

22 — Frédéric II à Lissa, après la bataille de Leutheu, d'après Schubert.
Très belle épreuve, toute marge.

BERWIC (Ch.-Clément)

23 — Laocoon, d'après l'antique.
Très belle épreuve avant la lettre.

BOILLY, COYPEL et EISEN (d'après)

24 — L'Amant poète, — L'air grave que je fais paraître, — La Dame de charité. Trois pièces gravées par Levilly, Lepicié et Voyez.
Belles épreuves.

BONNART (H.)

25 — Bourgogne (Marie-Adélaïde de Savoye, duchesse de). In-4 en pied.
Belle épreuve.

BONNET (L.)

26. The Amiable Society, — The Amiable family. Deux pièces faisant pendants, imprimées en couleur.

   Très belles épreuves, sans marges.

27. Les Billets réciproques. In-8 en couleur.

   Belle épreuve. Rare.

28. Diane au bain, d'après Beaufort. En couleur.

   Belle épreuve.

29. Tête de femme, d'après Eisen. Au crayon noir et blanc, imprimé sur papier bleu.

   Belle épreuve, grandes marges.

30. Vénus, — Tête de femme. Deux pièces à la sanguine, d'après Boucher et Eisen.

   Belles épreuves.

BOUCHARDON (d'après)

31. Jupiter et Léda.

   Très belle épreuve avant toute lettre, marges.

BOUCHER (d'après F.)

32. Les Éléments. Suite de quatre pièces, sujets d'enfants, gravées par Duflos.

   Superbes épreuves, toutes marges.

33. Jupiter et Calisto, par Gaillard.

   Belle épreuve remarquée.

34. La Muse Erato (Madame de Pompadour), gravé par Daullé.

   Belle épreuve.

35. Vénus entrant au bain, par Michel.

   Très belle épreuve, marge.

BOUCHER (d'après F.)

36 — Vénus et l'Amour, par Demarteau.
Très belle épreuve, marge.

BOUCHER ET LANCRET (d'après)

37 — La Courtisane amoureuse, — Le Baiser rendu. Deux pièces gravées par de Larmessin et Fillœul.
Très belles épreuves, grandes marges.

BOYVIN (René)

38 — Les trois Parques filant la vie des humains, d'après Maître Roux (R. D., 31).
Belle épreuve de la copie.

CALLOT (J.)

39 — Les Grandes misères de la guerre. Suite de dix-huit pièces (M. 564-581).
Très belles épreuves du 2ᵉ état, avant que les mots « Israël excudit » aient été enlevés.

CANOT (d'après)

40 — Le Souhait de la bonne année au grand-papa, par Le Bas.
Belle épreuve.

CHÉREAU (J.)

41 — *Sévigné* (Marie de Rabutin-Chantal, marquise de). In-8.
Belle épreuve.

CHAPONNIER (A.)

42 — La Vierge à la chaise, d'après Raphaël, en couleur.

CHARDIN (d'après (J.-B.-S.)

43 — Le Benedicite, par Renée Élisabeth Marlié Lépicié.
Très belle épreuve, marge.

CHARDIN (d'après J.-B.)

44 — La Blanchisseuse, par C. N. Cochin.
Belle épreuve, marge.

45 — L'Instant de la méditation, par L. Surugue.
Belle épreuve.

46 — Jeune fille au volant, par Lépicié.
Très belle épreuve, marge.

CLAESSENS (L.-A.)

47 — La femme hydropique, d'après Gerard Dow.
Belle épreuve.

COCHIN (d'après)

48 — Le Paysan de Candelu, par Demarteau (262).
Très belle épreuve, marge.

COCHIN (C.-N.)

49 — Benalius (F.). In-4.
Epreuve avant toute lettre à l'état d'eau-forte.

50 — Titre pour le livre « Schola Martes ».
Rare épreuve à l'état d'eau-forte.

51 — Boissy (Louis de), de l'Académie française. In-8.
Trois états, eau-forte, épreuves terminées avant et avec la lettre.

COCK (excudit)

52 — François II, comme Dauphin. In-4, gravé par P. Merica.
Belle épreuve.

COMMARIEUX et JAZET

53 — Intérieur du café Procope, en couleur, — Une heure avant le concert, ou les musiciens à table. En couleur. Deux pièces.
Belles épreuves, la première est avant toute lettre.

CORBUTT (CH.)

54 — La Bella du Titien. In fol. en manière noire.
Très belle épreuve.

COUTELIER

55 — Colombe (Mlle), l'aînée. In-4, en couleur.
Très belle épreuve, toute marge.

CURTIS

56 — Marie-Antoinette d'Antriche, reine de France, d'après Dufroë. In-fol.
Très belle épreuve, imprimée en bistre.

DALEN (C. VAN)

57 — Este (Isabelle d'), sœur de Lucrèce Borgia. In-fol.
Superbe épreuve avant toute lettre, marge.

DEBUCOURT (P.-L.)

58 — Les Bouquets ou la fête à la Grand-Maman, — Les Compliments ou la matinée du jour de l'an 1788. Deux pièces faisant pendants, en couleur.
Superbes épreuves.

59 — La Croisée, en noir.
Superbe épreuve avant le nom de l'artiste. Rare.

60 — Le Baiser à propos de bottes, en couleur.
Très belle épreuve, marge.

61 — La Marchande de cerises, d'après Vernet. En couleur.
Très belle épreuve.

DESROCHERS (E.)

62 — Léda, — Danaë. Deux pièces, d'après le Corrège.
Belles épreuves.

DESROCHERS (A Paris, chez)

63 — Portraits des Personnages les plus illustres d'Europe. 247 portraits en 1 vol. in-8, veau.

Très belles épreuves.

DESSINS

64 — Sous ce numéro, il sera vendu 18 dessins par Van Blomen, della Bella, Cochin, Roqueplan, Castelli, Watteau, Robert, Vigée, Solimène, Lacoste, Géricault, Greuze, Michel-Ange, etc.

DIVERS

65 — *Dugazon* (Madame). Deux portraits découpés.

66 — *Montmorency* (Henri, duc de), — *Lavalette* (Bernard de), amiral de France. Deux portraits in-8.

Belles épreuves.

67 — Vue de Montmirail, du nord-ouest, — Vue prise de la jetée du Havre, — Vue de l'arsenal de Toulon, prise du parc d'Artillerie, — Le Magnifique portail de l'église cathédrale de Notre-Dame de Reims. Quatres pièces dont trois coloriées.

68 — Suite de 50 figures, gravées par Burdet, Fauchery, Blanchard, etc., pour illustrer la sainte Bible. Paris, Lefevre, 1828-1832.

Très rares épreuves de graveur à l'eau-forte pure, à toutes marges.

69 — Portraits contemporains, par Guillaumot fils.

Dix-sept pièces dans la couverture de publication.

70 — Portraits, images populaires, vignettes, etc.

Cinquante-quatre pièces.

71 — Portraits de poètes et personnages célèbres de diverses époques.

Soixante-douze pièces.

DIVERS

72 Portraits. Eaux-fortes et lithographies par Cattelain.
Quarante-cinq pièces.

73 Sujets de chasse et autres.
Cinq pièces.

74 Lithographies diverses, sujets relatifs à la mort du duc d'Orléans, voitures, diligences, etc.
Dix-sept pièces par V. Adam et autres.

75 Portraits : La Princesse de Lamballe, — Marie-Anne de Neubourg, — Princesse Marie de Bourbon-Orléans, etc.
Sept pièces.

76 Suite d'estampes d'après divers peintres célèbres, pour illustrer la sainte Bible, publiée par Furne. Vingt-huit pièces.
Epreuves avant la lettre, tirées de format in-fol.

77 Louis Philippe Ier, — Napoléon III, — Mlle Mars, — Guillaume Coustou, — Vue de la cathédrale de Strasbourg.
Quatre pièces gravées par Lignon, Worms et de Larmessin.

78 Portraits de Jules Romain, — Castiglione, — J. Neyen, etc.
Six pièces.

79 La Mort de Saphyre, — Saint Paul prêchant, — Cléopâtre, — La Pentecôte, — Atala, etc.
Sept pièces.

DREVET (Pierre)

80 *Boileau-Despreaux* (Nic), d'après Roger de Piles. In-4.
Belle épreuve.

81 Marie d'Orléans, appelée Demoiselle de Longueville, épouse de Henri II de Savoie, dernier duc de Nemours, d'après H. Rigaud.
Très belle épreuve, remmargée.

DREVET (P.-J.)

82. *Louis XV*, en pied, d'après H. Rigaud.
Très belle épreuve remmargée.

83. *Cotte* (Robert), architecte, d'après H. Rigaud.
Très belle épreuve du premier état, avant le mot « architecte », remmargée.

84. *Bernard* (Samuel), fameux financier, d'après Rigaud.
Très belle épreuve avant les mots « conseiller d'État », remmargée.

85. *Dubois* (le cardinal Guillaume), d'après Rigaud.
Très belle épreuve, remmargée.

DREVET (CLAUDE)

86. *Oswald* (Henri), cardinal d'Auvergne, d'après Rigaud.
Très belle épreuve.

87. *Vintimille* (Ch.-Gaspar-Guillaume de), archevêque de Paris, d'après Rigaud.
Très belle épreuve.

DREVET ET ROULLET

88. La Présentation au temple, — Adam et Eve chassés du Paradis, — Eliezer et Rebecca à la fontaine, — Les saintes Femmes pleurant sur le corps-mort de Jésus-Christ. Quatre pièces.
Belles épreuves remmargées.

DROUAIS (d'après)

89. Les Enfants du roi de Sardaigne, par Beauvarlet.
Très belle épreuve avant toute lettre.

DUGOURE (d'après D.)

90. Le Lever de la Mariée, par Trière.
Très belle épreuve, sans marge.

ÉCOLE FRANÇAISE DU XVIIIᵉ SIÈCLE

91 — Mascarade.
   Très belle épreuves avant toute lettre. Rare.

ÉCOLE ITALIENNE

92 — Vue d'une galerie du Vatican. Gouache grand in-fol. en largeur.

EDELINCK (Gérard)

93 — Sainte Famille, d'après Raphael (R. D., 4).
   Superbe épreuve avant les armes de l'abbé Colbert.

94 — La Madeleine, d'après Le Brun.
   Belle épreuve, remmargée.

95 — *Desjardins*, sculpteur, d'après H. Rigaud (R. D., 182).
   Très belle épreuve avant l'adresse, remmargée.

96 — *Dilgerus* (Nath.), théologien de Dantzig (R. D., 185).
   Superbe épreuve avec marge. Rare.

97 — *Léonard* (Frédéric), imprimeur, d'après Rigaud (R. D., 242).
   Très belle épreuve.

98 — *Silvestre* (Israël), graveur, d'après C. Le Brun (R. D. 319).
   Belle épreuve, marge.

EISEN (d'après Ch.)

99 — Vignettes en-têtes, gravées par De Longueil, pour les Saisons.
   Très belles épreuves tirées hors texte, marges.

FAITHORNE (W.)

100 — *Marie*, reine d'Angleterre, d'après Vandervaart. In-fol. en manière noire.
   Belle épreuve.

FAITHORNE (W.)

101 — Nicholls (Madam Margaret), d'après Dahll. In-fol. en manière noire.
Très belle épreuve.

FAY

102 — XIX⁰ cahier d'arabesques, dessiné et gravé par Fay.
Quatre pièces à toutes marges.

FLAMENG (L.)

103 — La Ronde de nuit, — Jésus guérissant les malades. Deux pièces d'après Rembrandt.
Très belles épreuves d'artiste sur japon.

FORSTER et MASSARD

104 — L'Aurore et Céphale, d'après Guerin, — Atala, d'après Girodet.
Belles épreuves avant la lettre.

FRAGONARD (d'après H.)

105 — La Déclaration, — Le Serment. Deux pièces faisant pendants, gravées par Bervic.
Superbes épreuves avant la lettre (lettres tracées), grandes marges.

106 — L'Education fait tout, par N. de Launay.
Très belle épreuve.

107 — Fontaine d'amour, gravé par Audibert, de format in-4.
Très belle épreuve. Rare.

108 — On ne s'avise jamais de tout, — Joconde. Deux pièces. Contes de La Fontaine, gravées par Patas et Lingée.
Très belles épreuves. La première a une grande marge.

109 — L'Heureuse famille, gravé par J.-G. Huck, en couleur.
Très belle épreuve. Rare.

FRAGONARD (d'après H.)

110 — La même estampe.
Très belle épreuve en noir.

111 — Épisode de voyage en Italie, gravé par St-Non.
Belle épreuve.

FREUDEBERG (d'après S.)

112 — Le Lever, par Romanet.
Très belle épreuve avant le numéro.

GABRIELLI

113 — Marie-Thérèse-Charlotte, fille de Louis XVI, d'après Miéry. In-8.
Belle épreuve.

GAILLARD (F.)

114 — Les Pèlerins d'Emmaüs, d'après Rembrandt.
Très belle épreuve avant la lettre, sur chine.

GAINSBOROUGH (d'après)

115 — Girl and Pigs, gravé par Earlom., en couleur.
Très belle épreuve, sans marge.

GAUTIER (L.

116 — Vue de Paris à vol d'oiseau. In-4.
Deux très belles épreuves.

117 — Chronologie des rois de France. Huit feuilles.
Belles épreuves.

118 — *Louis XIII*, roi de France. In-8.
Belle épreuve.

GAUTIER-DAGOTY

119 — Cléopâtre, en couleur.
Belle épreuve.

GAVARNI

120 — La Chanson de table, — Le Lansquenet, — Le Foyer. Trois pièces.

Très belle épreuve sur chine coupé.

121 — Baliverneries parisiennes. Suite de vingt-quatre pièces en 1 vol. in-4, broché.

Très belles épreuves.

122 — Impressions de ménage. 2ᵉ série. Suite de trente pièces.

Très belles épreuves.

123 — Les Lorettes (1ʳᵉ série). Dix-neuf pièces en 1 vol. in-4, cartonné.

Très belles épreuves.

124 — Les Lorettes. (2ᵉ série). Suite de vingt pièces en 1 vol. in-4, cartonné.

Très belles épreuves.

125 — La Politique. Neuf pièces.

Très belles épreuves.

126 — Les Muses. Trois pièces.

Très belles épreuves.

GAVARNI (d'après)

127 — Les Douze mois. Dernière œuvre de Gavarni. Paris, 1869. Deux suites.

Très belles épreuves.

GODEFROY (J.)

128 — Psyché et l'Amour, d'après F. Gérard.
Belle épreuve.

GOLDAR (J.)

129 — La Toilette, d'après Pugh. 1771.
Très belle épreuve, toute marge.

GRANVILLE

130 — Les Métamorphoses du jour. Vingt et une pièces coloriées.

Très belles épreuves, toutes marges.

GRAVELOT (d'après H.)

131 — Le Concert, gravé par Saint-Non.

Très belle épreuve avant toute lettre.

GREUZE (d'après J.-B.)

132 — La Philosophie endormie, par Moreau et Aliamet.

Très belle épreuve, marge.

133 — Jeune fille lisant, par Marie L. A. Doizot.

Belle épreuve.

134 — La Pelotonneuse. In-fol. en manière noire.

Belle épreuve, sans marge.

135 — Le Petit Néapolitain, — La Jeune fille tenant un capucin. Deux pièces gravées par Ingouf.

Très belles épreuves, marges.

HARRIET (d'après F.-J.)

136 — Le Thé Parisien. Suprême bon ton au commencement du 19ᵉ siècle, gravé par Godefroy, en couleur.

Très belle épreuve.

HOPPNER (d'après J.)

137 — Mrs Sheridan and Son, gravé par Nugent. 1803. In-fol. en pied.

Très belle épreuve.

138 — Mrs Sheridan in the Character of the Comic Muse, gravé par T. Park. In-fol., manière noire.

Très belle épreuve.

HOUSTON (R.)

139 — The Studious fair, d'après H. Pickering. In-fol.
Très belle épreuve, marge.

140 — A Venitian lady at Masquerade, d'après Rosalba. In-fol.
Très belle épreuve.

HUDSON (d'après T.)

141 — *Cibber* (Mrs), gravé par Faber en 1748.
Très belle épreuve.

HUET (d'après J.-B.)

142 — Portrait de Mme Huet lisant, gravé aux trois crayons par Demarteau.
Très belle épreuve.

143 — La Déclaration, par Legrand.
Belle épreuve.

144 — La Feinte résistance, gravé par Patas.
Belle épreuve.

145 — Les Grâces et l'Amour, gravé au lavis en sanguine.
Belle épreuve.

HUET ET CARÊME (d'après)

146 — La Troupe ambulante des rues de Paris, — Le Marchand d'orviétan de campagne. Deux pièces en couleur, gravées par Bonnet.
Très belles épreuves.

HUQUIER

147 — Livre de bordures pour écrans à la chinoise, inventés et gravés par Huquier. Dix pièces.
Très belles épreuves. Rares.

JANINET (F.)

148 — L'Agréable négligé, d'après Baudouin.
Très belle épreuve en couleur.

149 — Le Nouvelliste, d'après Ostade, en couleur.
Très belle épreuve.

150 — Mademoiselle Contat, rôle de Suzanne. In-8 en couleur.
Belle épreuve.

151 — Mlle Saint-Huberti, en buste, — Mlle Colombe l'aînée. Deux portraits in-8 ovales.
Belles épreuves imprimées en couleur. La première est remmargée.

152 — Mlle Saint-Huberti, rôle de Didon, d'après Dutertre, — Mme Molé, dans Ariane, — Mme Dumesnil, dans Athalie. Trois portraits in-8 en pied, dont deux imprimés en couleur.
Belles épreuves.

153 — Vues de Paris, d'après Durand. Onze pièces in-4 de forme ovale en largeur, publiées chez Esnault et Rapilly, imprimées en couleur.
Superbes épreuves de premier tirage, grandes marges. Rares.

JAPONAISES (Estampes)

154 — Six albums d'estampes japonaises, en anciennes épreuves.

KAUFFMAN (d'après Angelica)

155 — Bacchanalian Nymph, — Dancing Nymph. Deux pièces faisant pendants, gravées par Legrand.
Très belles épreuves imprimées en couleur, marges.

KLAUBER (S.)

156 Paul Ier; — Elisabeth Alexiewna, grande duchesse de toutes les Russies. Deux portraits in-fol. d'après Voille et Louise Le Brun.

Très belles épreuves, toutes marges.

KNELLER (d'après G.)

157 D'Avenant (Mme), par I. Smith. In-fol.

Très belle épreuve.

158 — Charles Earle of Dorsay and Middlesex, gravé par Smith. In-fol.

Très belle épreuve.

159 Maria Duxces *Eboraci et Albaniæ*. Rans excudit. In-fol. en manière noire.

Très belle épreuve.

160 *Grafton* (The Dutchess of), par I. Smith. In-fol.

Très belle épreuve.

161 Richard lord Clifford and Lady Jane his sister, gravé par Smith. In-fol.

Très belle épreuve.

162 Saint Albans (The Dutchess of), par J. Smith. In-fol.

Très belle épreuve.

163 *Yarborough* (Mrs), par J. Becket. In-fol.

Très belle épreuve.

LALLEMAND

164 Paysage avec Palais en ruine. Dessin à la plume et lavis d'encre de Chine. Signé.

LA LONDE

165 Serrurerie (24e cahier de l'œuvre). Complet. Six pièces.

Très belles épreuves, marges.

LAMÈSANGÈRE

166 — Costume parisien, an 9, 11, 13, 14, et 1808, 1809, 1811, 1812 et 1826. Six cent soixante-dix pièces, en partie reliées avec le texte.

LANCRET (d'après N.)

167 — Le Faucon, par De Larmessin.
Très belle épreuve avant l'adresse de Buldet.

168 — Partie de plaisirs, par P. E. Moitte.
Très belle épreuve.

LARMESSIN (N. DE)

169 — La Vallière (Françoise de la Baume le Blanc, duchesse de). In-fol.
Très belle épreuve. Rare.

LAVREINCE (d'après N.)

170 — L'Accident imprévu, par Darcis.
Très belle épreuve imprimée en couleur.

171 — La Consolation de l'absence, par N. Delaunay.
Superbe épreuve.

172 — L'Heureux moment, par De Launay.
Superbe épreuve.

173 — L'Indiscrétion, par Janinet, en couleur.
Magnifique épreuve avant toute lettre, seulement F. Janinet, sculp. tracé à la pointe, au bas à droite. De la plus grande fraîcheur, avec marge.

174 — La Soubrette confidente. par Vidal.
Superbe épreuve, grande marge.

175 — La même estampe.
Très belle épreuve.

— 22 —

LAWRENCE (d'après Sir Th.)

176 — Charles X, roi de France, In-fol. en pied, gravé par Turner.
Très belle épreuve.

177 — Gordon (The Lady Georgina), gravé par Lewis, en couleur. In-fol.
Très belle épreuve, marge.

LE BARBIER (d'après)

178 — Le Mari dupe et content, par Patas.
Belle épreuve.

LE BEAU

179 — *Louis XVI*, — *Marie-Antoinette*. Deux portraits in-8 faisant pendants.
Superbes épreuves avant les numéros, toutes marges.

LE CŒUR

180 — La Vieillesse d'Annette et Lubin, d'après Swebach Desfontaines, en couleur.
Très belle épreuve, tachée.

LELY (d'après P.)

181 — *Northumberland* (Elisabeth, countess of.). In-fol. en manière noire.
Très belle épreuve.

182 — *York* (Maria Beatrice, principessa di Modana, duchesse di), gravé par Blooteling. In-fol.
Très belle épreuve.

LE MESLE (d'après P.)

183 — Le Cuvier, par Fillœul.
Très belle épreuve, grande marge.

LEU (Th. de)

184 — Elisabeth de Bourbon, reine d'Espagne, représentée dans sa plus tendre enfance (R. D., 361).
Très belle épreuve.

185 — Henri IV, roi de France (R. D., 409).
Belle épreuve. Rare.

186 — *Louis XIII*, représenté debout, enfant (R. D., 443).
Très belle épreuve.

187 — Louis XIII, roi de France, à cheval (R. D., 444).
Très belle épreuve du premier état. Rare.

188 — *Médicis* (Marie de), reine de France, d'après Quesnel. (R. D., 454).
Belle épreuve.

LIOTARD (d'après J. S.)

189 — Mademoiselle *Lavergne*, gravure en manière noire, par J. Mac Ardell.
Très belle épreuve.

LUPTON (Th.)

190 — Portraits of Mrs Orger, Miss Cubitt, Mr Munden and Mr Knight, d'après G. Clipt.
Belle épreuve.

MAROT (D.)

191 — Panneaux d'ornements en hauteur. Suite de six pièce publiées chez Wolff.
Belles épreuves.

MAROT (J.)

192 — Plusieurs sortes de manières de vases, faits et revêtus de plusieurs ornemens à la méthode antique. A Paris, chez P. Mariette. Suite de vingt pièces in-8.
Très belles épreuves.

MARTIAL (P.)

193. La Butte Saint-Roch ou des deux moulins, et l'avenue de l'Opéra. Suite de quinze eaux-fortes.
Epreuves sur chine.

MARTINET (A Paris, chez)

194. La Chaude déclaration, — Cela ne se dit pas, mais cela se devine.
Deux pièces coloriées.

MASSARD (R. U.)

195. Sainte Cécile, d'après Raphaël.
Très belle épreuve avant la lettre.

196. Louis XVIII, d'après Gerard.
Belle épreuve.

MASSARD et PREVOST

197. Enlèvement des Sabines, d'après David, — Corinne, d'après Gerard. Deux pièces.
Très belles épreuves avant la lettre.

MASSON (Ant.)

198. Jesus-Christ à table avec deux de ses disciples dans le chasteau d'Emaüs, d'après Titien.
Très belle épreuve.

199. Brisacier (Guill. de), d'après Mignard (R. D., 15).
Très belle épreuve remmargée.

200. Lorraine (Marie de), duchesse de Guise, d'après P. Mignard (R. D., 32).
Très belle épreuve remmargée.

201. La Chambre (Marin Cureau de), d'après Mignard (R. D., 37), — Ormesson (Olivier Le Fèvre d') (58). Deux portraits.
Belles épreuves, remmargées.

MASSON, PITAU et POILLY

202 — Saintes familles, d'après Raphaël, Mignard. Quatre pièces.

Belles épreuves, remmargées.

MAYER

203 — Rousseau (J.-J.), représenté debout; dans le fond, la vue du pavillon qu'il habitait à Ermenonville. In-4.
Belle épreuve.

MÉRYON (C.-M.)

204 — Le Grand Chatelet, à Paris.
Très belle épreuve, toute marge.

MOITTE (d'après A.)

205 — La Légèreté punie, gravé par Mlle Brainclaire.
Très belle épreuve imprimée en bistre, marge.

MONNET (d'après C.)

206 — Salmacis et Hermaphrodite, par Vidal.
Rare épreuve à l'eau-forte, rognée.

MOREAU (d'après J. M.)

207 — A la Reine. Petit buste de Marie-Antoinette, au milieu de figures allégoriques. Gravé par Le Mire.
Très belle épreuve.

208 — Couronnement de Voltaire, par Gaucher.
Belle épreuve avec les armoiries et la dédicace à la marquise de Villette.

209 — Déclaration de la grossesse, par P. A. Martini, 1776.
Superbe épreuve avec les lettres A. P. D. R. Toutes marges.

210 — Les Précautions, par P. A. Martini, 1777.
Superbe épreuve avec les lettres A. P. D. R. Toutes marges.

MOREAU (d'après J M.)

211 — N'ayez pas peur, ma bonne amie, par Helman, 1776.
Superbe épreuve avec les lettres A. P. D. R. Toutes marges.

212 — Les Délices de la maternité, par Helman.
Très belle épreuve, sans marge.

213 — Les Adieux, par De Launay le jeune.
Superbe épreuve avec les lettres A. P. D. R.

214 — L'Accord parfait, par Helman, 1777.
Superbe épreuve avec les lettres A. P. D. R. Toutes marges.

215 — L'Accord parfait, par Helman.
Belle épreuve.

216 — La Rencontre au bois de Boulogne, par Guttenberg.
Superbe épreuve avec les lettres A. P. D. R. Toutes marges.

217 — Les Petits Parrains. Gravé en réduction
Superbe épreuve avec les vers, marge.

218 — Pygmalion, — Julie, Saint-Preux et M. de Wolmar près de la grille d'un château. Deux gravures, in-4 gravées par Le Mire et Duclos, pour les œuvres de Rousseau.
Belles épreuves.

219 — Cinq vignettes in-18 et un portrait gravé par Saint Aubin pour Gresset.
Belles épreuves, toutes marges.

MORGHEN (Raphael)

220 — La famille de Holstein-Beck, d'après Angelica Kauffmann.
Belle épreuve, toute marge.

MORLAND (d'après G.)

221 — Constancy, — Variety. Deux pièces en couleur gravées par Bartoloti.
Belles épreuves.

222 — Domestic happiness, gravé par Le Cœur.
Très belle épreuve en couleur.

223 — Garçons patinant, — Garçons dérobant un verger, — Le Fermier en colère. Trois pièces gravées par Scott et publiées par J. R. Smith en 1790.
Très belles épreuves, toutes marges.

224 — Sheep, gravé par E. Bell. En couleur.
Superbe épreuve, marge.

225 — The fair Penitent, gravé par J. R. Smith.
Très belle épreuve.

226 — The Tavern Door, gravé par J. R. Smith.
Très belle épreuve.

MORLAND et SINGLETON (d'après)

227 — Industry and œconomy, — The fruits of early industry and œconomy, — The effects of extravagance and idleness, — Extravagance and Dissipation. Suite de quatre pièces gravées par Darcis, publiées en 1800.
Superbes épreuves imprimées en couleur.

MORRET

228 — L'Escamoteur, — La Diseuse de bonne aventure. Deux pièces en couleur faisant pendants, d'après Pasquier.
Très belles épreuves.

NANTEUIL (R.)

229 — Bartillat (Etienne-Jehannot de) (R. D., 32).
Très belle épreuve.

NANTEUIL (R.)

230. Colbert (J.-Bapt.), d'après Ph. de Champagne (R. D., 71).
Très belle épreuve.

231. Loret (Jean) (R. D., 150).
Très belle épreuve.

232. *Louis XIV*, roi de France. Buste fort comme nature (R. D., 162).
Très belle épreuve du troisième état.

NATTIER (d'après J. M.)

233. *Cette liqueur brillante et pure.* In-4 en largeur, publié par Joullain.
Belle épreuve.

234. Flore à son lever, par Malœuvre.
Très belle épreuve, marge.

NORTHCOTE (d'après J.)

235. Blind Girl of the environs of Rome, — Country Girl of Tuscany. Deux pièces faisant pendants, gravées par T. Gaugain. 1785.
Très belles épreuves, imprimées en bistre.

OPIE (d'après J.)

236. A School, gravé par V. Green, 1801, en couleur.
Superbe épreuve.

PARIZEAU (Ph. L.)

237. Course de taureaux, d'après Sandoz-Rollin.
Belle épreuve, imprimée en bistre, toute marge.

PATTON (F.)

238. The fair hibernian (Miss Gunning), d'après Griffin. In-fol.
Très belle épreuve.

PETHER (W.)

239 — Rembrandt's Wife in the character of a Jew Bride, d'après Rembrandt. In-fol.
   Très belle épreuve.

240 — Hangar de maréchal ferrant, d'après G. Garrard. En couleur.
   Très belle épreuve.

POLLARD (d'après (J.)

241 — Match for one thousand Guineas !!! 15 avril 1816. Gravé par R. Hawell, en couleur.
   Superbe épreuve. Très rare.

PORPORATI

242 — Suzanne au bain, d'après Santerre.
   Belle épreuve avant toute lettre, remmargée.

243 — Agar renvoyée par Abraham, d'après Van der Werff. Très belle épreuve avant toute lettre.
   Deux épreuves, remmargées.

PYLE (d'après R.)

244 — Summer, — Autumn, — Winter, représentées par de jolies femmes. Gravé par Corbutt, manière noire. Trois pièces in-fol.
   Très belles épreuves.

RAMSAY (d'après A.)

245 — Boyd (lady), comme déesse de la chasse, par J. Mac Ardell. In-fol.
   Très belle épreuve.

246 — Gumledon (Miss), par J. Mac Ardell. In-fol.
   Très belle épreuve.

RAMSAY (d'après A.)

247 — *Prideaux-Basset* (Master John), par Faber. In-fol. en pied.

Très belle épreuve.

248 — Reith (Mrs.), in Russian Dress, par J. Mac Ardell. In-fol.

Superbe épreuve, toute marge.

RAUSCHMAYR (J.)

249 — Friderike Wilhelmine, Caroline, princesse de Bavière. In-fol.

Très belle épreuve, toute marge.

READ (d'après C.)

250 — *Beatson* (Miss), gravé par E. Judkins, 1770. In-fol.

Superbe épreuve, marge.

RÉVOLUTION

251 — Fin tragique de Louis XVI, d'après nature, par Fious, gravé Sacrifi. In-4 en largeur, publié à Strasbourg.

Très belle épreuve. Rare.

REYNOLDS (d'après Sir J.)

252 — *Bartolozzi* (F.), gravé par R. Marcuard. In-fol. ovale.

Très belle épreuve avant la lettre. Lettres tracées.

253 — Bingham (Miss), par Bartolozzi, en couleur.

Belle épreuve, remmargée.

254 — Birth of Bacchus, gravé par Sailliar, 1788. In-fol.

Très belle épreuve.

255 — *Bunbury* (lady Sarah) (Sacrifice aux Grâces), gravé par Fisher. In-fol. en pied.

Superbe épreuve. Rare.

REYNOLDS (d'après Sir J.)

256 — La même composition, gravée en contrepartie par Lucien.

Très belle épreuve avant la lettre, imprimée en sanguine.

257 — *Carpenter* (lady Alminia), par J. Watson. In-fol.

Très belle épreuve.

258 — *Dawson* (lady Ann), gravé par G. Purcelle. In-fol.

Très belle épreuve, marge.

259 — *Essex* (Frances countess of), par J. Mac Ardell. In-fol.

Très belle épreuve.

260 — Fisher (Miss Kitty), par R. Houston. In-fol.

Très belle épreuve.

261 — *Fordyce* (Miss), par Ph. Corbutt. In-fol.

Très belle épreuve, marge.

262 — Fortescue (lady), 1757, gravé par J. Mac Ardell. In-fol.

Superbe épreuve.

263 — *Hastings* (lady Selina), par C. Spooner. In-fol.

Superbe épreuve.

264 — Honble Mr Leicester-Stanhope, gravé par F. Bartolozzi. In-4.

Très belle épreuve imprimée en bistre. Rare.

265 — *Marchi* (J.), graveur. Gravé par Spilsbury. In-fol., manière noire.

Très belle épreuve.

266 — Portrait d'une jeune femme, gravé par J. Mac Ardell. In-fol.

Très belle épreuve.

ROBERT (d'après H.)

267 La Prière interrompue, — L'Hermite du Colysée. Deux pièces en couleur gravées par Morret.

Belles épreuves, encadrées.

268 Monuments de Paris, gravé en couleur par Carey.

Belle épreuve.

ROBETTA

269 L'homme attaché à un arbre par l'amour, (B., 25).

Belle épreuve, plus un feuillet ornement par Mitelli. Deux pièces.

ROSALBA (d'après)

270 — The Inn-Keepers handson Daughter. In-fol. en manière noire.

Très belle épreuve, toute marge.

RUOTTE ET PETIT

271 La rencontre des incroyables, d'après Bunbury, — L'Anarchiste. Deux pièces.

Belles épreuves.

RUSSEL (d'après F.)

272 The Dog's first sight of himself, gravé par N. Schiavonetti, 1798, en couleur.

Très belle épreuve.

RUSSES (Portraits)

273 Catherine II, gravé par Lante, Grand in-fol.

Superbe épreuve, marge.

274 Pierre le Grand et l'Impératrice Catherine, Deux portraits grand in-fol. faisant pendants, gravés par Houbraken.

Très belles épreuves.

RUSSES (Portraits)

275 — Willgenstein (le comte de) à cheval, gravé par Cardelli, d'après Jalowski. Grand in-fol.
Très belle épreuve.

SAINT-AUBIN (Aug. de)

276 — Louise Émilie, baronne de ***.
Très belle épreuve, remmargée.

SCHALL (d'après F.)

277 — L'Enlèvement de Psyché, — Psyché découvrant l'Amour, — Psyché en exil, — Toilette de Psyché. Quatre pièces in-4, gravées par de Monchy, Bonnefoy et Colibert, et imprimées en couleur.
Très belles épreuves avant la lettre, marges.

SCHIAVONETTI (L.)

278 — Le Dauphin enlevé à sa mère, d'après Pellegrini.
Très belle épreuve, toute marge.

279 — Séparation de Louis XVI d'avec sa famille, — La Dernière entrevue entre Louis XVI et sa famille. Deux pièces faisant pendants, d'après Benazech.
Très belles épreuves, toutes marges.

SERGENT (A.)

280 — Héroïsme de Marguerite de Provence, — Le Duc de Bretagne et Olivier de Clisson. Deux pièces in-4, en couleur.
Très belles épreuves.

SMITH (J.-R.)

281 — Shepherdess, d'après Woodford, en couleur.
Très belle épreuve, toute marge.

SMITH (d'après J. R.)

282 — A Visit to the Grand father, gravé par W. Ward.
Superbe et rare épreuve avant la lettre (lettres tracées), grande marges.

STOTHARD (d'après)

283 — The innocent Stratagem, gravé par J. Strutt.
Très belle épreuve, imprimée en bistre.

STUBBS (d'après G.)

284 — Mambrino, — Protector. Deux portraits de chevaux célèbres, gravés par Hodges. 1778-1790.
Très belle épreuves, toutes marges.

TARDIEU (J.)

285 — Marie, princesse de Pologne, reine de France et de Navarre, d'après J. M. Nattier.
Superbe épreuve, toute marge.

TAUNAY (d'après)

286 — Noce de village, — Foire de village, — Le Tambourin, — La Rixe. Suite de quatre pièces gravées par Descourtis.
Superbes épreuves imprimées en couleur. Les épreuves de la Noce et de la Foire sont du premier tirage, avec les armes.

THOMPSON (d'après W.)

287 — Swan (Miss Anna), gravé par J. Watson. In-fol. en manière noire.
Très belle épreuve.

TRESCA

288 — Roman Nymphs, d'après Guttenbrun.
Belle épreuve, marge.

VANLOO (d'après)

289 — Clytie abandonnée.

Épreuve avant la lettre, non entièrement terminée.

VLEUGHELS et LANCRET (d'après)

290 — Les Troqueurs, — Frère Luce. Deux pièces gravées par de Larmessin.

Belles épreuves. La seconde est imprimée avec une planche accessoire portant pour titre : Tentation de saint Antoine.

VILLENEUVE (A Paris, chez)

291 — Le Traître Louis XVI, — La Panthère autrichienne. Deux pièces très curieuses où sont représentés en buste les portraits de Louis XVI et de Marie Antoinette dans des médaillons suspendus à une lanterne.

Superbes épreuves, toutes marges. Rares.

292 — *Mirabeau* (Honoré Gabriel Riquetti, comte de), en médaillon sur fond rouge. In-8.

Très belle épreuve. Rare.

293 — Jardins anglais qui sont en France (Ermenonville) : Vue du tombeau de J. J. Rousseau, — Vue du temple de la Philosophie moderne, — Vue de l'Hermitage, — Grande vue vis à vis du Château d'Ermenonville, — Vue de la maison du vigneron. Cinq pièces imprimées en couleur.

Très belles épreuves, grandes marges.

VISSCHER (C.)

294 — Le Vendeur de mort aux rats.

Bonne épreuve, remmargée.

WALTNER (Ch.)

295 — Jacqueline Van Caestre, d'après Rubens.

Belle épreuve.

WARD (W.)

296 The Blind Beggar of Bednall green, d'après W. Owen. 1804. En couleur.
  Très belle épreuve.

297 Compassionate Children, d'après J. Ward. 1793.
  Superbe épreuve, imprimée en couleur. Très rare.

298 Lord Chesterfield States horses. In-fol. en largeur, en couleur.
  Superbe épreuve, sans marge. Rare.

WARD et HODGES

299 Sallad Girl, — A Good boy. Deux pièces faisant pendants, d'après Hoppner et Borckhardt, en couleur.
  Très belles épreuves, marges.

WARD (d'après)

300 Louisa, gravé par Boillet.
  Superbe épreuve, imprimée en couleur, marge.

WATSON (J.)

301 Lucinda (Miss Moore), d'après Falconet. In-fol.
  Très belle épreuve.

WATTEAU (d'après Ant.)

302 L'Emploi du bel âge, par Aveline, — *Qu'ay-je fait, assassins maudits*, par Joullain. Deux pièces.
  Très belles épreuves.

303 Louis XIV mettant le cordon bleu à Monsieur de Bourgogne, gravé par de Larmessin.
  Très belle épreuve.

304 Les Saisons. Suite de quatre pièces gravées à l'aquatinte par Guyot.
  Très belles épreuves imprimées en bistre.

WATTEAU (d'après Ant.)

305 — Le Frileux, par J. Moyreau.
Belle épreuve.

WHEATLEY (d'après F.)

306 — Rustic benevolence, — Rustic sympathy. Deux pièces faisant pendants, gravées par G. Keating. 1797.
Superbes épreuves, imprimées en couleur. Rares.

WILLE (J.-G.)

307 — Instruction paternelle, d'après G. Terburg.
Très belle épreuve.

308 — Musiciens ambulants, — Les Offres réciproques. Deux pièces faisant pendants, d'après Diétricy.
Très belles épreuves. La seconde est sans marge.

309 — Marigny (Abel François Poisson, marquis de), — Saint Florentin (Louis Phelypeaux, comte de). Deux portraits in-fol. d'après L. Tocqué.
Très belles épreuves.

310 — Masse (J.-B.), peintre, d'après L. Tocqué.
Très belle épreuve du premier état, avant toute lettre, plus une épreuve avec la lettre. Remmargée.

WŒRIOT (P.)

311 — Aneau (Barthelemy), poète (R. D., 273).
Belle épreuve. Rare.

WOLSTENHOLME (d'après)

312 — A Litter of foxes, — The Dog and Vixen fox. Deux pièces faisant pendants, gravées par Reeve. 1811.
Superbes épreuves, imprimée en couleur. Rares.

WOOLLETT (W.)

313. Rubens, d'après Van Dyck. In-4.
   Belle épreuve.

314. The Spanish pointer, d'après G. Stubbs.
   Belle épreuve, remmargée.

315. The battle at la Hogue. — Céladon and Amelia, — Ceyx and Alcyone. Trois pièces d'après B. West et Wilson.
   Belles épreuves.

Imprimerie D. Dumoulin et C⁰, à Paris.

A. Dunham

~~46~~ ~~17~~
106
10
7
10
24
81
73
121
38
57

www.ingramcontent.com/pod-product-compliance
Lightning Source LLC
Chambersburg PA
CBHW060509050426
42451CB00009B/893